# L'EMPRUNT

—o o⦂⦂⦂o o—

## L'EMPRUNT NATIONAL — L'EMPRUNT DE TOURS

—o o⦂⦂⦂o o—

## Par Ad. B.

PARIS

IMPRIMERIE DE DUBUISSON ET COMPAGNIE
Rue Coq-Héron, 5

—

1871

# SOMMAIRE

—∞—

# L'EMPRUNT

## § I

On ne saura jamais ce que coûte à la France la guerre fatale qu'elle vient de subir.

Les travaux productifs interrompus; — les usines en chômage; — les terres incultes; — les bois incendiés; les maisons dévastées; — les contributions en argent, et les réquisitions en nature imposées par l'ennemi; — le vol et la rapine organisés sur une vaste échelle — ont causé directement aux particuliers des dommages dont le chiffre ne saurait être apprécié, même approximativement.

Et à côté de ces dommages, dont le total restera toujours inconnu, il y a les frais de la guerre et l'énorme rançon exigée par nos ennemis, qu'on peut, sans exagération, évaluer ensemble à 8 ou 10 milliards.

Comment la France pourra-t-elle supporter un pareil fardeau ?

Toutes les fortunes particulières sont considérablement

amoindries ; beaucoup sont compromises sans retour. Pour atténuer ces malheurs individuels, il n'y a pas d'autres remèdes que le temps et le travail. — Mettons en eux notre confiance et laissons-les faire.

Quant aux 8 ou 10 milliards qui incombent à la charge de la communauté, c'est-à-dire à la charge de l'Etat, c'est encore le travail qui devra en faire les frais, en ramenant dans les caisses du Trésor public l'abondance qui en a disparu. — Mais pour cela il faut du temps, — beaucoup de temps, — et nous n'avons, pour nous libérer, qu'un très court délai.

Les dépenses de la guerre doivent être payées sans retard, si nous ne voulons causer la ruine des fournisseurs qui les ont avancées ; — et, au lieu de demander aux Allemands d'allonger le délai de 3 ans fixé pour le paiement de l'indemnité de cinq milliards qu'ils nous ont imposée, nous devons, au contraire, chercher à les payer le plus tôt possible, afin de nous débarrasser d'eux.

Il faut donc aviser.

On ne peut songer à demander à l'impôt des ressources suffisantes pour faire face à de telles nécessités. — Un emprunt considérable est le seul moyen qui soit à notre disposition pour liquider convenablement cette déplorable situation.

Il est bien clair qu'un emprunt ne nous libérera point ; en empruntant pour payer, nous ne ferons que transformer notre dette ; — mais, en substituant à nos créanciers actuels, — qu'il faut nécessairement désintéresser à bref délai, — des créanciers nouveaux, qui consentiront à ne pouvoir exiger à époque fixe le remboursement de leurs capitaux, et se contenteront du payement exact du revenu, nous gagnerons ce qui nous manque aujourd'hui : *le temps*, — le temps qui est la condition première indispensable pour que toute blessure grave puisse se cicatriser.

Donc l'emprunt sur une grande échelle est une nécessité à laquelle nous ne pouvons nous soustraire ; et il ne s'agit pas aujourd'hui d'examiner si nous devons emprunter ou si nous pouvons nous en dispenser, mais uniquement de rechercher le moyen d'emprunter aux meilleures conditions possibles.

Nous n'avons point la prétention d'étudier, ni même d'indiquer dans ce court travail toutes les mesures financières qui devront être la conséquence de l'emprunt. — Nous avons la confiance que le gouvernement et l'Assemblée nationale sauront utiliser les éléments de recettes et d'économies de manière à pourvoir au service de l'emprunt sans imposer aux contribuables de nouvelles charges trop lourdes; mais en présence de la pratique constante des vingt dernières années, en ce qui concerne ce qu'on peut appeler le mécanisme des emprunts, nous croyons utile d'appeler l'attention sur les inconvénients de cette pratique, et d'indiquer ce qu'il faudrait faire pour emprunter aux meilleures conditions possibles.

Et quand nous disons *aux meilleures conditions possibles*, nous n'entendons point dire par là que l'État doive chercher à mettre tous les avantages de son côté. — Non. — Pour nous, l'emprunt fait aux meilleures conditions possibles est celui qui conciliera le mieux les intérêts légitimes des prêteurs avec ceux de l'emprunteur; car c'est à ce prix seulement qu'on maintiendra sur un bon pied le crédit de la France.

A ce point de vue, *l'emprunt national* de 750 millions et *l'emprunt de Tours* ne nous paraissent pas exempts de reproches; l'un et l'autre sont une tache pour le crédit de la France; c'est pourquoi nous ferons un retour sur ces emprunts, afin d'en signaler les défauts et d'indiquer le moyen d'y remédier.

Puissions-nous, par ce travail, contribuer à rendre moins lourdes les charges que notre malheureux pays aura nécessairement à supporter comme conséquence des tristes événements qui viennent de s'accomplir.

## § II

Depuis bien des années, tous les emprunts contractés par le gouvernement français l'ont été en rentes 3 %. — Nous ignorons les motifs de la préférence exclusive accordée à ce fonds ; cette préférence nous paraît d'autant plus difficile à expliquer qu'elle constitue, à nos yeux, un véritable contre-sens économique.

Continuer à marcher dans cette voie en émettant de la rente 3 % pour procurer au Trésor public les sommes considérables dont il a besoin en ce moment, ce serait commettre une faute énorme. — Nous considérons comme un devoir de faire ce qui dépend de nous pour essayer de la prévenir.

Emprunter en émettant de la rente 3 %, ce n'est pas emprunter à 3 %, il s'en faut de beaucoup. — Ce serait très-bien d'emprunter au moyen d'une émission de 3 % ; si cette émission avait lieu à un taux voisin du *pair* ; mais donner de la rente 3 % à 50 fr., 60 fr. et même 70 fr., c'est une mauvaise opération.

Jamais un particulier raisonnable ne consentirait à faire pour son propre compte un emprunt dans de pareilles conditions. Ce qui serait mauvais pour un particulier ne peut pas être bon pour l'État.

On blâme avec raison un fils de famille qui, pour se procurer une somme de 1,000 fr., n'hésite pas à souscrire une lettre de change de 2,000 fr. ; et on trouve tout naturel que l'État se reconnaisse débiteur de 100 fr. quand il ne reçoit que 50 fr., en échange d'un coupon de rente de 3 fr. ! — Il est vrai que, pour justifier cette différence d'appréciation, on allègue que l'État n'étant point tenu de rembourser le capital qu'il doit, il lui importe peu que ce capital soit 100 fr. ou 50 fr.

Il y a dans cette allégation une erreur qu'il importe de combattre.

Sans doute, lorsque l'État emprunte au moyen d'une émission de rentes perpétuelles, il n'est pas obligé de se libérer à une époque fixe et déterminée ; mais cela ne veut pas dire qu'il soit, pour toujours, dispensé de se libérer. — Tout emprunt suppose au contraire la libération du débiteur dans un avenir plus ou moins éloigné ; et quand l'État emprunte en rentes perpétuelles, cela veut dire qu'il se libérera à sa convenance, quand ses facultés le lui permettront. L'État prend même, à cet égard, un engagement formel, car toute loi d'emprunt stipule un amortissement destiné à opérer progressivement l'extinction, soit par le remboursement des titres au *pair*, soit par leur rachat au-dessous du *pair*.

Il est malheureusement vrai que, trop souvent, on se contente d'exécuter la loi pour contracter l'emprunt, et qu'on la néglige quand il s'agit de faire fonctionner l'amortissement. — Mais lorsque ce fait regrettable se produit, il constitue tout simplement un manquement aux engagements pris envers les prêteurs ; il ne prouve rien contre le principe de la libération.

Quand on emprunte de bonne foi, on doit nécessairement songer à se libérer tôt ou tard, et on a grand intérêt à se ménager les moyens de se libérer dans les meilleures conditions possibles ; — l'emprunt en rente 3 °/₀, en constituant l'État débiteur d'un capital nominal beaucoup plus considérable que celui effectivement reçu, semble avoir été inventé pour rendre la libération aussi onéreuse que possible.

Il interdit absolument le remboursement au pair, car on ne pourrait y songer sans folie.

Il rend très onéreux, même le rachat au-dessous du *pair*.

Et, ce qui est encore plus funeste, il s'oppose invinciblement à l'amélioration du sort de l'emprunteur. Voici comment :

Celui qui se trouve dans la nécessité d'emprunter est bien forcé de subir la loi des circonstances ; il emprunte à des conditions plus ou moins avantageuses, selon que le marché des capitaux est plus ou moins bien approvisionné ; selon que l'offre et la demande sont plus ou moins considérables ; selon que son crédit est plus ou moins bien établi. — Mais si les circonstances ne sont pas favorables, l'emprunteur qui est contraint de les subir serait bien maladroit s'il se mettait dans l'impossibilité de profiter de l'amélioration qui pourra se produire dans la situation.

Un particulier ne commettra jamais cette faute ; s'il est obligé de payer momentanément un intérêt élevé parce qu'il est gêné, parce que les capitaux sont rares, il saura bien obtenir une réduction d'intérêt ou une transformation de sa dette quand les capitaux seront devenus plus abondants, quand son crédit sera rétabli sur un meilleur pied. — Cela n'a rien que de très-légitime ; c'est un acte de bonne administration.

Un État qui emprunte en émettant des rentes 3 % renonce, par cela même, à imiter ce bon exemple.

En effet, quand on emprunte en rentes 3 %, quel que soit le taux de l'émission (60 fr., 50 fr., ou même 40 fr., ce qui fait ressortir le taux de l'intérêt à 5, 6 et 7 1/2 %), on se met pour toujours dans l'impossibilité d'obtenir une réduction sur le taux de l'intérêt, — si dur qu'on ait été obligé de le subir au moment de l'emprunt ; — car, pour obtenir

une réduction du taux de l'intérêt, il faut offrir au créan-
cier l'option entre cette réduction et le remboursement au
*pair*. — En présence de rentes 3 °/₀, on ne peut jamais
songer à offrir le remboursement au *pair*, c'est-à-dire à
100 fr. — Il faut donc se résigner à subir indéfiniment le
taux de l'intérêt qu'on a été forcé d'accepter au moment
de l'emprunt.

Un État qui aurait émis de la rente 3 °/₀ à 40 fr., qui
aurait par conséquent emprunté à 7 1/2 °/₀, pourrait voir
monter le cours de sa rente à 90 fr. sans qu'il lui fût possible de tirer aucun profit de cette amélioration de son
crédit.

Si au lieu d'émettre de la rente 3 °/₀ à 40 fr., il eût émis
de la rente 6 °/₀ à 80 fr., ce qui serait exactement la même
chose pour le taux de l'intérêt, sa situation serait bien
différente ; l'amélioration de son crédit lui permettrait
bientôt de réduire dans de fortes proportions le taux de
l'intérêt consenti au moment de l'emprunt.

Son 3 °/₀, coté à 90 fr., ne lui permettrait pas d'alléger
d'un centime le fardeau de l'intérêt annuel ; — son 6 °/₀,
arrivé seulement à 125 fr. ou 130 fr. (ce qui serait bien
loin d'être la parité) lui permettrait de réduire de 1/6ᵉ le
montant de l'intérêt annuel à payer.

Nous avons dit précédemment que tout emprunteur
est forcé de subir la loi des circonstances. — Quand on a
besoin d'emprunter, si on ne peut le faire que moyennant
un intérêt élevé, il faut bien se résigner à payer cet intérêt, puisqu'on ne peut pas faire autrement. — Mais ce
qui est incompréhensible, c'est qu'un emprunteur ag-
grave volontairement sa situation, par le seul fait de sa
manière d'opérer, et cela sans en retirer aucun profit ; —
c'est que, non content d'avoir à subir un intérêt élevé,
quand l'argent est rare, il s'obstine à augmenter du
même coup et proportionnellement la somme dont il se

reconnaît débiteur sans l'avoir reçue, — et cela sans que personne lui demande cette augmentation.

C'est pourtant ce que fait un État qui emprunte en émettant toujours de la Rente 3 %.

Le tableau suivant fait voir dans quelle proportion, — pour un emprunt uniforme de 100 millions réellement reçus, — la somme dont l'Etat se reconnaît débiteur augmente à mesure que l'intérêt est plus onéreux.

| TAUX de l'intérêt. | SOMMES de rentes à émettre. | TAUX d'émission | PRODUIT EFFECTIF réellement reçu. | CAPITAL dont l'État se reconnaît débiteur. | |
|---|---|---|---|---|---|
| 4 % | 4,000,000 fr. | 75 fr. | 100,000,000 fr. | 133,333,333 fr. | 33 |
| 5 % | 5,000,000 | 60 | 100,000,000 | 166,666,666 | 66 |
| 6 % | 6,000,000 | 50 | 100,000,000 | 200,000,000 | » |
| 7 1/2 % | 7,500,000 | 40 | 100,000,000 | 250,000,000 | » |

Ces simples calculs doivent faire condamner sans appel la manie d'émettre constamment du 3 %, quel que soit le taux auquel on puisse le placer.

Emettre, pour chaque emprunt, des rentes d'un type uniforme, sans se préoccuper du taux réel de l'intérêt, c'est obéir à la routine, c'est sacrifier sans motif les intérêts de l'État. — Il serait plus logique d'émettre, chaque fois qu'on emprunte, des rentes d'un type en rapport avec les circonstances, afin de pouvoir les placer à un cours qui, tout en étant assez éloigné du pair pour donner aux prêteurs la certitude d'une plus-value raisonnable en cas de remboursement, n'en serait cependant pas assez éloigné pour compromettre les intérêts de l'État en lui interdisant tout espoir d'améliorer sa situation.

Nous espérons que le gouvernement actuel saura éviter les erreurs économiques dont la routine avait fait des articles de foi pour les financiers de l'empire.

Et, pour préciser notre conclusion, nous ajouterons qu'une émission de rentes 5 % aux environs de 85 fr. est, selon nous, ce qu'il y a de mieux à faire pour le prochain emprunt.

Du 5 % à 85 fr. est, sous le rapport du taux de l'intérêt actuel, l'équivalent du 3 % à 51 fr ; mais au point de vue de l'avenir, le premier offre sur le second un avantage considérable.

Et puis, indépendamment des considérations économiques, il y a, dans les circonstances présentes, un puissant motif de donner la préférence au 5 % sur le 3 %.

Pour réunir l'énorme somme qui lui est nécessaire, la France devra s'adresser à toutes les bourses ; — aussi bien aux petites qu'aux grosses ; — aussi bien chez ses voisins que chez elle. — Elle ne peut compter sur le succès qu'à la condition de faire tout ce qui est honnêtement et raisonnablement possible pour attirer vers le Trésor public une espèce de courant universel des capitaux disponibles. Les mots *cinq pour cent* constituent un des meilleurs moyens qu'on puisse employer pour déterminer ce courant.

Tous ceux qui ont quelqu'argent à placer ne sont pas des financiers émérites ; et, sans faire injure à personne, on peut dire que, même parmi les hommes les plus sensés, il y a beaucoup de gens qui ne veulent pas entendre parler d'un placement en rentes 3 %. — Ces mots *trois pour cent* sonnent mal à leurs oreilles, et il est bien difficile de leur persuader qu'un achat de rente 3 % puisse être un placement à 5 %. — Mais si vous leur parlez de rente 5 % c'est tout différent. Cela leur va, du 5 %, c'est leur affaire ; ils ne connaissent que cela.

Donc, si le prochain emprunt est fait en rente 5 %, il attirera les plus modestes épargnes aussi bien que les gros capitaux, bien mieux que ne pourrait le faire un emprunt en rentes 3 %.

Cette considération qui, surtout dans les circonstances présentes, mérite la plus sérieuse attention, devrait suffire à elle seule pour que le 5 % obtînt la préférence sur le 3 % ; le parfait accord qui existe entre elle et les considérations économiques que nous avons fait valoir plus haut ne permet pas l'hésitation.

Si cette combinaison était adoptée, elle ménagerait les intérêts de l'État sans nuire, en quoi que ce soit, aux intérêts des emprunteurs; elle réaliserait ainsi ce que nous appelons : *Un emprunt fait aux meilleures conditions possibles.*

Nous allons voir maintenant si *l'emprunt national* de 750 millions et *l'emprunt de Tours* ont été réalisés dans des conditions qui permettent de leur appliquer la même qualification.

## § III

Par ce seul fait qu'il a été contracté en rentes 3 %, *l'emprunt national* de 750 millions est une opération malheureuse au point de vue économique, ainsi que le démontre ce que nous avons dit précédemment. Cependant, s'il n'avait que ce défaut, nous nous bornerions à le déplorer, sans insister davantage. Mais il n'en est point ainsi.

Cet emprunt, dans les conditions où il a été émis, ne blesse pas seulement les intérêts de l'État, il blesse encore les intérêts des souscripteurs. C'est une opération doublement regrettable.

Emis en vertu d'une loi régulièrement votée, qui a laissé

au ministre des finances le soin de fixer l'époque et le taux de l'émission, l'emprunt de 750 millions est une opération irréprochable *en droit ;* mais *en fait,* c'est-à-dire au point de vue de l'exécution, elle n'est pas aussi complétement à l'abri de la critique.

Les souscripteurs se plaignent d'avoir été trompés par le gouvernement déchu. Ils reprochent à ce gouvernement d'avoir soutenu les cours de la Rente par des moyens factices, afin de faciliter le placement de l'emprunt à un taux plus élevé que sa valeur réelle. — Ils lui reprochent surtout d'avoir dissimulé intentionnellement la véritable situation des affaires publiques au moment où il faisait appel au patriotisme des capitalistes, et d'avoir ainsi surpris leur confiance par une manœuvre déloyale.

En conséquence, ils prétendent que le contrat d'emprunt est radicalement nul, comme entaché de dol, et ils demandent que les sommes versées soient restituées aux souscripteurs.

Sans admettre tout ce qu'il y a d'excessif et de trop absolu dans ce raisonnement, on doit cependant reconnaître qu'il repose sur un certain fonds de vérité.

En effet, il est de notoriété publique que le gouvernement déchu a dissimulé autant que cela lui a été possible la triste situation des affaires publiques au moment de l'emprunt. La publication faite par le *Journal officiel* des documents trouvés au palais des Tuileries ne permet pas de conserver le moindre doute à cet égard.

Jusqu'au moment de l'ouverture de la souscription, le public est resté sous l'influence de cette fameuse déclaration faite par le ministre de la guerre, à la tribune du Corps législatif:

« On m'a dit d'être prêt ; — je suis prêt.— Je suis telle-
« ment prêt, que, d'ici à un an, quoi qu'il arrive, l'armée
« n'aura pas besoin d'un bouton de guêtre. »

En présence d'une déclaration aussi formelle, les sous-cripteurs, qui avaient une entière confiance dans la valeur de notre armée, ont considéré comme tout à fait acci-dentels les insuccès qui ont marqué le début de la campagne, et il leur était réellement impossible de se former une autre opinion.

Cependant à cette époque, le Gouvernement savait, à n'en pouvoir douter :

1° Que, dès avant l'entrée en campagne, l'organisation générale de notre armée était bien inférieure à celle des Allemands *(Rapport du commandant Stoffel)* ;

2° Que, depuis l'entrée en campagne, nos troupes manquaient des choses les plus indispensables, telles que vêtements, chaussures, armes et munitions *(Dépêches du théâtre de la guerre)* ;

3° Enfin que nos premiers revers étaient dus, non point à des hasards malheureux, mais bien aux causes qui viennent d'être indiquées, aggravées par l'insuffisance du Commandement en chef. *(Id.)*

Pour qui connaissait tout cela, le dénoûment final n'é-tait, hélas ! que trop facile à prévoir.

Mais le public n'a point été mis dans ces confidences ; sous prétexte de discrétion, on lui dissimulait la triste position de nos armées ; et, le jour même de l'ouverture de la souscription, on le berçait d'une illusion qu'on ne pou-vait avoir ; on lui parlait d'une prochaine et brillante revanche, devant résulter nécessairement de la jonction des armées de Mac-Mahon et de Bazaine. — Cependant on savait que cette jonction n'était pas opérée ; — on savait même qu'elle était impossible.

Il est bien vrai que le gouvernement n'a publié aucune communication officielle annonçant formellement un succès sérieux, mais il en a dit assez pour encourager toutes les espérances (voir les communications officielles du 22 août), et ses journaux officieux, commentant les communications officielles, ont tout fait pour entretenir les illusions auxquelles le public était naturellement enclin. Ils se livraient chaque jour aux appréciations les plus optimistes sur les opérations (inconnues) du théâtre de la guerre ; ils publiaient avec affectation de demi-confidences comme celle-ci, placée à tort ou à raison dans la bouche du ministre de la guerre : « Si Paris connaissait les nouvelles que j'ai reçues, il illuminerait ce soir. » Ils vantaient les conditions avantageuses de l'emprunt et le profit qu'en tireraient infailliblement les souscripteurs, etc., etc.

Et tout cela se passait quand on savait aux Tuileries que le sort de la campagne était à peu près irrévocablement fixé.

Les souscripteurs de l'emprunt ne s'écartent donc point de la vérité quand ils reprochent au gouvernement déchu de leur avoir dissimulé la situation des affaires publiques au moment de l'ouverture de la souscription.

Oui, il y a eu dissimulation, et dissimulation intentionnelle ; cela est évident. Mais de cette dissimulation conclure à la nullité radicale du contrat d'emprunt, c'est aller trop loin.

Pour que cette conclusion fût fondée, il faudrait qu'il fût avéré que, si la situation réelle eût été connue, l'emprunt n'eût pas été souscrit. Or, cette hypothèse n'est pas admissible. Il nous paraît, au contraire, absolument certain que, même en présence d'un exposé sincère de la situation, l'emprunt eût été couvert tout aussi promptement qu'il l'a été, — (le patriotisme des souscripteurs, qui a été la principale cause de l'admirable succès de cet emprunt, ne permet aucun doute à cet égard.) — Seulement il eût été couvert à des conditions différentes ; c'est-à-dire que le taux d'émission eût dû être mis en rapport avec les circonstances du moment.

Donc, ce que demande l'équité, ce que commande le

2

respect des droits de tous les intéressés, ce n'est pas la nullité du contrat d'emprunt, c'est seulement la réparation du dommage causé aux souscripteurs par le fait de la dissimulation dont ils ont à se plaindre.

Un ministre des finances qui était encore en fonctions il n'y o pas bien longtemps nous disait un jour, avec une loyauté qui lui fait honneur : « Quand les particuliers contractent avec l'Etat, ils ne doivent jamais faire une mauvaise affaire. »

Eh bien ! les souscripteurs de l'emprunt de 750 millions ont fait une *mauvaise affaire*, puisque, avant même qu'ils fussent en possession de leurs titres provisoires, ces titres étaient dépréciés dans une proportion considérable, qui s'est toujours aggravée depuis.

Si l'intérêt légitime des souscripteurs les autorise à demander une réparation, l'intérêt bien entendu de l'Etat exige que cette réparation soit accordée. Car, en accomplissant cet acte de loyauté, qui serait d'autant plus méritoire qu'il n'est pas rigoureusement obligatoire, l'Assemblée nationale ferait disparaître une mauvaise impression, dont l'existence peut nuire au crédit de l'Etat ; — elle ferait un acte de bonne politique, qui profiterait aux intérêts du Trésor public bien autrement que les médiocres avantages obtenus par des subterfuges indignes du gouvernement d'un grand pays.

Au reste, en accordant aux souscripteurs de l'*emprunt national* une réparation, sous forme de réduction du taux de la souscription, on ne ferait pas seulement une chose juste et politique, on se conformerait encore à des précédents dont il nous paraît impossible de nier l'autorité, et dont l'influence doit être décisive.

Au mois d'août 1847, une loi régulièrement votée avait autorisé l'émission d'un emprunt de 350 millions en rentes 5 °/₀. — Le cours du 5 °/₀ était alors aux environs de 120 fr. — Quand survint la révolution de 1848, il restait une somme de 100 millions à émettre sur cet emprunt. Ces 100 millions ont été émis *au pair* de 100 fr. en vertu d'un décret du gouvernement provisoire daté du 9 mars 1848; — et plus tard, un décret de l'Assemblée nationale, en date du 12 août suivant, a réduit le taux d'émission à 80 fr., en allouant aux souscripteurs de ces 100 millions une réduction de 20 °/₀.

Autre exemple : — Les bons du Trésor et les versements à la caisse d'épargne avaient été convertis, au mois de mars 1848, en rentes 5 °/₀ *au pair*. — Au mois de juillet de la même année, les porteurs de ces rentes ont reçu *gratuitement* un supplément de titres égal au cinquième de ce qu'ils avaient reçu primitivement; puis, au mois de novembre suivant, ils ont reçu une nouvelle bonification qui a fait ressortir définitivement au cours de 71 fr. 60 les rentes 5 °/₀ qui leur avaient été livrées.

Ce sont là des précédents que les souscripteurs du dernier emprunt ont le droit d'invoquer ; car leur réclamation est certainement mieux fondée que ne l'était celle des souscripteur des 100 millions émis au mois de mars 1848. En effet, ces derniers n'avaient à se plaindre que des événements, et les souscripteurs de l'emprunt national ont à se plaindre, en outre, d'avoir été trompés par le gouvernement déchu.

Nous en concluons que, à tous les points de vue, il y a lieu d'accorder une réparation aux souscripteurs du dernier emprunt ; et nous recommandons cette mesure de justice d'autant plus vivement qu'il serait facile de la réaliser sans qu'il en coûtât réellement rien au Trésor.

Pour atteindre ce but, il suffirait de décréter que *l'emprunt national* de 750 millions sera fusionné avec le nouvel emprunt qu'il s'agit de faire ; tout porteur d'un certificat de 3 fr. de rente du premier, devant avoir droit, par préférence, à 5 fr. de rente du second, à la charge de parfaire la différence entre les deux taux d'émission, c'est-à-dire entre 60 fr. 60 — et 85 fr.

Les porteurs de l'emprunt de 750 millions accepteraient avec reconnaissance cette proposition, qui leur apporterait la réparation du dommage qu'ils ont éprouvé, grâce aux réticences du gouvernement déchu. — Le Trésor n'aurait rien à débourser ; — cet acte de loyauté rehausserait le crédit de l'Etat, — et, s'il en résultait momentanément une faible augmentation de dépense pour le service des arrérages, ce petit inconvénient passager serait largement compensé par la diminution immédiate du capital nominal inscrit à notre passif, et surtout par la possibilité de réduire, un jour, le taux de l'intérêt que nous consentons à payer aujourd'hui.

On transformerait ainsi un contrat qui blesse tous les intéressés en un contrat qui satisferait tous les intérêts.

L'hésitation est-elle possible ?


Passons maintenant à l'*emprunt de Tours*.


## § IV


Ce que nous avons dit de l'*emprunt national*, au point de vue du droit, nous ne pouvons le répéter en parlant de l'*emprunt de Tours*. Ici, la légalité a été complétement mise de côté ; nous nous trouvons en présence d'un *fait*.

MM. Laurier et de Germiny, qui ont négocié cet emprunt, ont agi en qualité de mandataires de la *délégation de Tours* ; — La *délégation de Tours* n'était qu'une émanation

du *gouvernement de la défense nationale* ; — Et le *gouverne-*
*ment de la défense nationale* n'avait, pour représenter et
pour engager la France, que les pouvoirs qu'il s'était
donnés à lui-même. — Donc l'*emprunt de Tours* doit être
rangé dans la catégorie des contrats qui sont faits par des
*mandataires officieux*. — La France peut, en le ratifiant,
en assumer toutes les conséquences, mais elle a le droit
incontestable de refuser sa ratification, en offrant seulement la restitution des sommes employées à son profit,
avec l'intérêt légal.

Les banquiers anglais qui ont traité avec MM. Laurier
et de Germiny connaissaient cette situation, et c'est assu-
rément parce qu'ils la connaissaient, qu'ils ont imposé
aux négociateurs français des conditions si dures. Ils ont
cherché dans ces conditions une compensation au risque
de *non-ratification* par la France. — Ils n'auraient donc
point à se plaindre si la ratification était refusée.

Cela dit, pour dégager la question de droit, nous nous
hâtons d'ajouter que, entre la *ratification* et le *désaveu*, il
n'y a pas à balancer. Quand on s'appelle *la France*, on
doit pousser le scrupule de la délicatesse jusqu'à ses
plus extrêmes limites ; on doit faire honneur à sa signa-
ture, même quand elle a été donnée sans mandat, si ceux
qui l'ont reçue ont été de bonne foi. — Or, malgré ce qui
précède, il n'est pas douteux que les *tiers*, souscripteurs
de l'*emprunt de Tours*, aient été d'une entière bonne foi ;
nous n'hésitons donc pas à dire que le contrat doit être
ratifié au nom de la France.

Mais avant de ratifier un contrat, il est bien permis
de se rendre compte de ce qu'il renferme; et, s'il com-
porte plusieurs modes d'exécution, il est parfaitement
légitime de donner la préférence à celui qui est le moins
onéreux pour l'intéressé qui ratifie.

Nous allons essayer cet examen.

Jusqu'à ce jour, rien d'officiel n'a été publié sur l'*emprunt de Tours*. Nous ne possédons, au sujet de cet emprunt que les renseignements souvent fort contradictoires qui ont été donnés par les journaux. Cependant les indications fournies par la *Presse* du 16 mars 1871 nous paraissent avoir tous les caractères de l'authenticité.

Voici ces indications :

« Le traité a été signé le 24 octobre 1870.

« Il a eu pour objet l'émission, au nom de la France, et jusqu'à concurrence de 10 millions de livres sterling (250 millions de francs), d'obligations de 20, — 50, — 500, — 1,000 livres sterling, rapportant annuellement 6 % d'intérêt et remboursables en 34 années à partir de 1873.

« Ces obligations, ramenées au type de 500 francs, sont donc au nombre de 500,000, et chacune donne droit à un intérêt de 30 francs par an.

« Mais le placement de ces obligations n'a pas été fait *au pair* ; il a eu lieu de la manière suivante :

« Les banquiers qui se sont chargés de la négociation (MM. Morgan et Cie) ont pris tout d'abord 125,000 obligations à 400 francs.

« Une souscription a été ouverte en Angleterre et en France pour le placement au taux de 425 francs, des autres obligations.

« La souscription anglaise a couvert 139,635 obligations.

« En France, la souscription annoncée, ouverte et close en trois jours, (du 26 au 29 octobre), a couvert 187,842 obligations.

« Enfin le solde (47,523 obligations) a été vendu plus tard à MM. Morgan et Cie au taux de 415 francs.

« La commission allouée aux banquiers a été fixée à 6,875,000 francs. »

Le journal auquel nous empruntons ces détails circonstanciés ne dit pas par quel procédé sera effectué le remboursement en 34 ans, mais nous savons par d'autres journaux que la France doit payer annuellement une somme de 725 mille livres sterling, (18,125,000 francs), au moyen de laquelle il sera pourvu au payement des intérêts et à l'amortissement du capital.

Enfin il a été dit ( ce qui, du reste, est de droit commun ) que le traité réserve à l'emprunteur la faculté de se libérer par anticipation.

Cette opération financière a été très-diversement appréciée ; presque tous les journaux qui en ont parlé l'ont présentée comme l'équivalent d'un emprunt en rentes 3 % à 42 fr.; ils l'ont dénoncée comme une opération désastreuse, capable de compromettre le crédit de la France, et ils ont conseillé nettement d'en refuser la ratification.

Par contre, cette appréciation des journaux a été vivement critiquée par un économiste qui jouit d'une grande *notoriété*, mais qui ne possède peut-être par une *autorité* aussi bien établie; quoiqu'on l'ait mis récemment en avant comme candidat au gouvernement de la Banque de France. — Cet économiste, après avoir assez durement reproché aux journalistes de raisonner de cette affaire comme les aveugles raisonnent des couleurs, a prétendu prouver que *l'emprunt de Tours* était au moins l'équivalent d'un emprunt en rentes 3 % à 60 fr.; et il a conclu en disant que, loin d'être une mauvaise opération, cet emprunt était, en quelque sorte, un véritable tour de force, dans les circonstances données.

Il y a, comme on le voit, une bien grande différence entre ces deux appréciations. La première est un peu pessimiste, mais la seconde est, à coup sûr, beaucoup trop optimiste; nos lecteurs pourront en juger bientôt.

D'après les données qui précèdent, voici ce qu'a produit *effectivement* cet emprunt nominal de 250,000,000 de fr.

| | | | | |
|---|---|---|---|---|
| 125,000 obligations à | 400 f. | l'une ont produit | 50,000,000 |
| 139,635 » | à 425 | » | » | 59,344,875 |
| 187,842 » | à 425 | » | » | 79,832,850 |
| 47,523 » | à 415 | » | » | 19,722,045 |

500,000 obligations ont produit .......... 208,899,770
Moins la commission allouée aux banquiers. 6,875,000

         Reste net................. 202,024,770

Dont il faudrait encore retrancher les frais de négociation et les bonifications pour payements anticipés, car il a été accordé certaines facilités pour le versement des sommes souscrites. Mais négligeons ces deux points et voyons ce que la France devra payer pour se libérer de cette somme reçue.

La France devra payer 18,125,000 fr., par an, pendant 34 ans, pour l'intérêt et l'amortissement du capital.

Les négociateurs expliquent ainsi le chiffre de cette annuité :

Intérêts à 6 °/o par an................. 15,000,000
Amortissement, 1 1/4 °/o par an.......... 3,125,000

        Somme égale............. 18,125,000

A première vue, cela ne paraît pas excessif, eu égard aux circonstances; mais en examinant les choses de plus près, on change bientôt d'avis.

D'abord cet emprunt censé fait à 6 °/o, nous coûte réellement près de 7 1/2 °/o puisque nous payons annuellement 15,000,000 d'intérêts pour 202,000,000 que nous avons reçus.

En second lieu, il est bien difficile de justifier l'amortissement *de 1 1/4 °/o pendant* 34 *ans.* — Sans aucun doute, on peut affecter à l'amortissement d'une dette la somme annuelle qu'il convient aux parties de stipuler ; mais cette affectation doit cesser le jour où, par le jeu de l'amortissement, la dette se trouve éteinte.

Or, en stipulant que l'annuité serait payée pendant 34 ans, on a été beaucoup au delà de ce qui serait juste.

3,125,000 fr. payés annuellement pendant 34 ans donnent, avec l'intérêt composé, à 6 °/o par an, une somme (en chiffres ronds), de ................... 325,000,000

Le capital *nominal* à rembourser étant de  250,000,000

Il en résulte que ce procédé de libération nous fait payer en trop une somme de......  75,000,000

Qu'on ne dise pas que le taux de l'intérêt composé que nous fixons à 6 °/o est trop élevé. Ce taux de 6 °/o n'est point fixé arbitrairement ; il est imposé par la situation, puisque la dette que nous éteignons progressivement par l'amortissement produit elle-même intérêt à 6 °/o.

Il est donc bien réel que nous payerons 75,000,000 de trop ; mais ce qu'il y a de plus curieux, c'est que nous ne savons pas à qui nous les payerons. En effet, les porteurs d'obligations, qui ne peuvent exiger autre chose que le remboursement *au pair*, c'est-à-dire à 500 fr., n'auront évidemment aucun droit sur ces 75 millions. — Qui donc alors en profitera ? ??

Nous nous bornons à poser cette question.

Ainsi, même en acceptant le contrat d'emprunt tel qu'on nous le donne, c'est-à-dire comme stipulant un emprunt portant intérêt à 6 °/o par an, et remboursable en 34 ans, au moyen d'un amortissement fixé à 1/4 °/o par an, on voit qu'il renferme, au préjudice de la France, une erreur matérielle, considérable, qui suffirait à elle seule pour justifier le refus de ratification.

Mais c'est bien autre chose si on s'attache à la réalité, en tenant compte du taux d'émission des obligations. Voici alors le résultat vraiment fantastique auquel on arrive :

« Quand nous aurons payé régulièrement pendant 34 ans l'intérêt à 6 % des 202,024,770 fr. que nous avons reçus, on voudra bien nous donner quittance de ce capital, moyennant payement de la modique somme de 625,000,000. »

Cela paraît monstrueux ; c'est pourtant rigoureusement exact. — Nos lecteurs peuvent en faire eux-mêmes le calcul au moyen des explications fort simples que voici :

La France payera annuellement pendant
34 ans............................ 18,125,000

Si sur cette somme on prélève ce qui est nécessaire pour payer l'intérêt à 6 % sur
202,024,770 c'est-à-dire............... 12,121,486

Il reste.................... 6,003,514
applicables à l'amortissement.

Or, 6,003,514 fr. payés chaque année pendant 34 ans forment, avec l'intérêt composé à 6 % calculé seulement annuellement (et non par semestre ou par trimestre), un total de 625,422,194 fr.

Donc, en chiffres ronds :

L'emprunt de Tours a fourni à la France  202 millions
Et après avoir payé l'intérêt de cette somme pendant 34 ans, à raison de 6 % par an, la France se libèrera en payant  625 millions !!!

Voilà le bilan réel de cette fameuse opération.

On se demande avec stupeur comment les négociateurs de cet emprunt ont pu accepter de pareilles conditions.

. Nous avons dit précédemment qu'un économiste qui jouit d'une grande notoriété a comparé l'emprunt de Tours à un emprunt en rentes 3 °/₀ à 60 fr., en laissant entendre que le premier était au moins aussi avantageux pour la France que l'aurait été le second.

Nous allons voir si cette comparaison est exacte.

On a vu plus haut que l'emprunt de Tours a produit effectivement une somme (en chifres ronds) de 200 millions.

Pour obtenir 200 millions effectifs au moyen d'un emprunt en rentes 3 °/₀ au taux de 60 fr.; il faudrait émettre des titres pour une somme de 10 millions de rentes, représentant un capital nominal de 333,333,333 fr.

Si on affectait au service de cet emprunt un versement annuel de 18,125,000 fr. pendant 34 ans, comme pour l'emprunt de Tours, voici quel serait le résultat au bout de ce temps :

| | |
|---|---:|
| Versement annuel.. ................ | 18,125,000 |
| A prélever pour le service des arrérages. | 10,000,000 |
| Resterait pour l'amortissement du capital | 8,125,000 |

Or, 8,125,000 fr. versés annuellement pendant 34 ans donneraient avec l'intérêt composé calculé à 5 °/₀, une somme de........................ 691,167,981

Avec cette somme, on pourrait rembourser au *pair*, c'est-à-dire à 100 fr. pour 3 fr. de rente, les 10 millions de rentes émises, ce qui n'emploierait que.............. 333,333,333

Et il resterait un bénéfice de.......... 357,834,648

Mais comme le rembousement au *pair* est une pure hypothèse, absolument inadmissible, on serait largement dans la vérité en comptant sur un rachat au cours moyen de 75 fr. ; — et alors la différence entre les deux opérations dépasserait **440 millions.**

Voilà comment l'emprunt de Tours est l'équivalent d'un emprunt en rentes 3 % à 60 fr.

Il y a évidemment dans ce contrat tout ce qu'il faut pour justifier, à tous les points de vue, un refus de ratification de la part de la France ;

Il a été souscrit sans mandat régulier ;

Il est onéreux au delà de toute expression ;

Il renferme une erreur matérielle considérable.

La France pourrait donc, en parfaite sécurité de conscience, refuser de le ratifier en offrant le remboursement des sommes qu'elle a reçues avec l'intérêt à 6 % par an, depuis le jour de l'encaissement.

Cependant nous ne conseillons pas d'adopter cette résolution, parce que les titres de l'emprunt sont actuellement entre les mains de tiers porteurs de bonne foi ; mais la France ayant le droit de rembourser *au pair* quand elle voudra, nous n'hésiterions pas à conseiller ce remboursement immédiat, si le moyen de conciliation que nous proposons plus loin n'était pas accueilli par les intéressés.

Maintenir un pareil contrat sans modifications, ce serait porter une grave atteinte au crédit de la France.

Si l'emprunt national est un emprunt fait dans de mauvaises conditions parce qu'il blesse les intérêts des prêteurs ; l'emprunt de Tours est un emprunt fait dans des conditions plus mauvaises encore, parce qu'il blesse d'une manière beaucoup plus grave les intérêts de l'emprunteur.

Si le premier doit être modifié,

Le second doit être modifié ou remboursé immédiatement.

Le moyen de conciliation dont nous venons de parler consisterait à proposer aux porteurs de l'*emprunt de Tours* une fusion analogue à celle que nous avons recommandée pour l'emprunt de 750 millions, avec cette différence, qu'ils recevraient seulement 5 fr. de rente du nouvel emprunt en échange de 6 fr. de rente de l'emprunt de Tours; ou, en d'autres termes, 25 fr. de rente en échange de chaque obligation de 500 fr.

Nous convenons que ce marché pourra bien leur sembler désavantageux, et nous ne serons pas surpris s'ils commencent d'abord par le refuser. Mais nous croyons aussi que la réflexion les ramènera vers une appréciation plus saine de leur situation.

Ils reconnaîtront qu'ils ne possèdent qu'un titre précaire, dont la validité peut être justement contestée; — ils sentiront que, même en cas de ratification, ce titre ne peut guère s'élever au-dessus du *pair*, puisqu'il sera toujours sous le coup d'un remboursement au *pair*, tandis que le nouveau titre qu'on leur propose en échange leur offre la certitude d'une réalisation au-dessus du *pair* dans un avenir peu éloigné; — enfin, ils comprendront que la proposition qui leur est faite est équitable, parce que tout en sauvegardant les intérêts de la France, elle ne blesse pas les leurs.

Nous pensons que ces considérations détermineront l'adhésion du plus grand nombre.

Quant à ceux qui refuseront, il ne faudrait pas hésiter à les rembourser immédiatement.

La France, pour l'honneur de son crédit, ne doit pas laisser subsister trace de ce malheureux emprunt.

## EN RÉSUMÉ,

Nous recommandons un emprunt en rente 5 % à 85 fr. et la fusion, dans cet emprunt, de l'emprunt de 750 millions et de l'emprunt de Tours.

Par l'adoption de cette combinaison, on, réunirait sous un seul titre toutes les dépenses de la guerre, et on placerait sur un même pied de parfaite égalité (ce qui serait justice) tous les capitalistes (indigènes ou étrangers) qui ont aidé ou qui aideront la France à panser ses blessures financières.

**AD. B.**

Mars 1871.

www.ingramcontent.com/pod-product-compliance
Lightning Source LLC
Chambersburg PA
CBHW070801220326
41520CB00053B/4739